Trishna et le rêve de l'eau

Trishna et le rêve de l'eau

Publié en mai 2006
© 2006 Programme des Nations Unies pour l'environnement
ISBN : 92–807–2724–9
Job Number : DCP/0841/NA

Titre original: Trishna and the Dream of Water

Trishna et le rêve de l'eau fait partie de la collection Tunza Environmental pour les enfants publiée avec le soutien du Programme des Nations Unies pour l'environnement (PNUE)

« Tunza » signifie « traiter avec soin ou affection « en swahili. Le PNUE souhaite inciter les jeunes à prendre soin de la Terre à travers une littérature créative, capable d'éveiller l'intérêt et la conscience des enfants, de leurs parents et de leurs enseignants.

Directeur de la publication
Eric Falt

Responsable du service Enfance et Jeunesse du PNUE
Theodore Oben

Texte
Carole Douglis

Illustrations
Adrienne Kennaway

Traduction – adaptation
Brigitte - Guérin

Autres contributions du PNUE
Conception et maquette : James Mwaniki
Soutien éditorial : David Simpson, Naomi Poulton, Cecilia Kibare

Remerciements :
aux enfants et instituteurs de la Braeside School à Nairobi pour leurs idées et leur enthousiasme.
au Centre for Environment Education (CEE), Inde, pour l'accueil, les idées et le soutien.

Imprimé par Progress Press Company Limited à Malte

Le PNUE encourage les pratiques respectueuses de l'environnement en général et dans ses propres activités.
Imprimé sur du papier sans chlore fabriqué à partir de pâtes de bois provenant de forêts exploitées de façon durable.

Absorbée dans sa rêverie, Trishna allumait sans se presser les lampes à huile pour Diwali, la fête des lumières.

Elle rêvait qu'elle allumait une lampe magnifique dans un palais où il y avait de l'eau partout... dans les fontaines, les canaux, les bassins...

« Arrête de rêver », lui dit sa mère en entrant, « et va plutôt chercher de l'eau. Avec tous ces invités, il n'en reste plus une goutte. »

Ce n'était pas la peine de discuter. Après tout, c'était elle l'aînée à présent. Sa grande sœur, Raji, était partie à la ville chercher du travail.

Trishna posa l'allumette, prit la jarre et la posa sur sa tête, glissa quelques fils rouges et bleus dans sa poche et partit sur le chemin poussiéreux.

« Je voudrais qu'il y ait de l'eau dans le village toute l'année, comme ça les filles n'auraient pas besoin d'aller la chercher si loin », songeait-elle en passant sans se presser devant le vieux puits, tari depuis des années.

« Je voudrais que le village soit toujours vert, comme ça la récolte serait meilleure. Et les gens n'auraient pas besoin de partir chercher des pâtures pour les animaux », marmonnait-elle en passant devant le lit desséché de la rivière et le trou de forage abandonné.

« Je voudrais que les dunes s'en aillent au lieu de se rapprocher un peu plus chaque année », dit-elle en passant devant des chèvres qui arrachaient les feuilles des rares arbres qui poussaient dans le sable.

Trishna arriva enfin à la mare ou du moins ce qu'il en restait. Elle dut descendre dans la boue pour remplir sa jarre à un endroit où coulait un mince filet d'eau.

Sur le chemin du retour, elle s'arrêta au
petit sanctuaire. Là, dans la fraîcheur de
l'ombre, elle inclina la tête et répéta tout
bas ses quatre vœux en attachant pour
chacun un fil au treillis. Avant de partir,
elle noua un dernier fil : « Je voudrais que
Raji trouve du travail ici et revienne à la
maison. »

Quand Trishna sortit dehors, la chaleur et la lumière éblouissante la frappèrent comme si elle avait reçu un coup ; elle vacilla sous le poids de sa jarre d'eau. Soudain, le ciel bleu vif devint noir et Trishna s'effondra sur le sol. L'eau de sa jarre disparut dans les fissures de la terre assoiffée.

Trishna se retrouva dans son palais, jouant dans un magnifique bassin dont le fond et les côtés étaient revêtus de tuiles bleues comme la mer. Elle sentit une brise souffler et avec elle lui parvint un murmure : « Je capte les secrêts et les fais passer. Parce que tu as fait des vœux pour tout lé monde, pas seulement pour toi, je vais te confier quelques-uns de mes secrets. »

« Si je pousse les dunes vers votre village, c'est à cause de vous. Quand vos vaches broutent les derniers brins d'herbe et quand vos chèvres dévorent les arbres, je pousse le sable vers vous. Quand vous labourez le moindre mètre de champ, mettant la terre à nu, je le pousse encore plus. »

Le Vent redevint silencieux. « Attends ! Parle-moi encore ! » s'écria Trishna.

« Vos ancêtres savaient tout cela : faites comme eux », fut la réponse. Et le Vent s'en alla.

L'instant d'après, une petite vague dans l'eau se transforma en tourbillon.

« Je suis la force vitale de votre planète », dit-il dans un gargouillement.

« Je viens du ciel, mais je peux abandonner le village : tout dépend de vous. S'il n'y a plus de plantes pour me retenir, j'inonde vos terres et je disparais. Si vous prenez trop d'eau en amont des rivières, le lit de mes cours d'eau s'assèche. Si vos machines me poursuivent dans les profondeurs du sol, je vais me cacher encore plus profond.

« Mais attrapez-moi si vous pouvez et je resterai. Je vivrai dans le sol où vous plantez des arbres et de l'herbe. Je peux vivre sous vos pieds, si vous me construisez une petite digue. A certains endroits, je vivrai dans une mare si vous enlevez la vase. J'attendrai dans un réservoir, si vous me récupérez quand je coule de votre toit.

« Continue », supplia Trishna.

« Vos ancêtres savaient cela, il y a des centaines d'années. Captez les eaux de pluie, comme ils le faisaient. »

Le tourbillon s'apaisa et l'Eau disparut.

Soudain, un grondement se fit entendre sous le palais. « Ce que vous mangez, les vêtements que vous portez, tout vient de moi. »

« Quand vous volez ma couverture d'herbe, je m'enfuis avec le Vent et l'Eau. Laissez l'Eau courir le long de mes collines et je me nicherai dans les ravins. Mais si vous oubliez de me nourrir, je ne vous nourrirai plus.

« Couvrez-moi d'herbe, de buissons et d'arbres et je resterai. Si les pentes sont abruptes, aménagez-moi en terrasses et je resterai. Nourrissez-moi avec le fumier de vos animaux et avec des variétés d'arbres appropriées, je vous donnerai de riches récoltes.

« Vous pouvez même me creuser pour former des mares. Ou aider l'eau à s'accumuler sous ma surface ; vous pourrez alors creuser des puits peu profonds. »

« Continue ! » demanda Trishna.

« Vos ancêtres savaient tout cela. Traitez-moi comme il faut et construisez de petites digues comme ils le faisaient », fut la seule réponse que Trishna obtint avant que le grondement ne se taise.

Un rayon de lumière rebondit sur l'eau.

« Je brille sur tout. Il y a des années,
j'ai vu ton peuple planter des arbres,
semer de l'herbe et cultiver. Les racines
retenaient la Terre et l'Eau et maintenaient
les dunes à distance. J'ai vu les gens
vivre de façon raisonnable, en élevant des
animaux, mais pas trop au même endroit.

« Alors j'ai aidé leurs arbres à produire
des noix, des fruits et des remèdes, du
fourrage pour les animaux et du bois
pour les fourneaux. J'ai aidé vos ancêtres
à cultiver des céréales, des légumes et
tout ce dont ils avaient besoin.

« Vos ancêtres ont eu tout cela. Essayez,
vous aussi... »

Un éclair dans les yeux fit revenir Trishna à elle. Elle était entourée de sa famille et de leurs voisins.

« Enfin, nous t'avons retrouvée », dit sa mère.
« Nous étions si inquiets : cela fait des heures que tu es partie ! »

Tout le monde se mit à parler en même temps : « Il faut trouver une solution à ce problème d'eau »... « Ma fille aussi a eu du mal à revenir l'autre jour »... « Il paraît que d'autres villages ont reconstruit les vieux puits et les digues de leurs grands-parents »...

Un ancien du village dit pour conclure : « Faisons ce qu'il faut pour que l'eau revienne au village ». Il y eut des hochements de tête approbateurs.

En rentrant à la maison avec sa famille et ses amis, Trishna raconta ce qu'elle avait appris du Vent, de l'Eau, de la Terre et du Soleil.

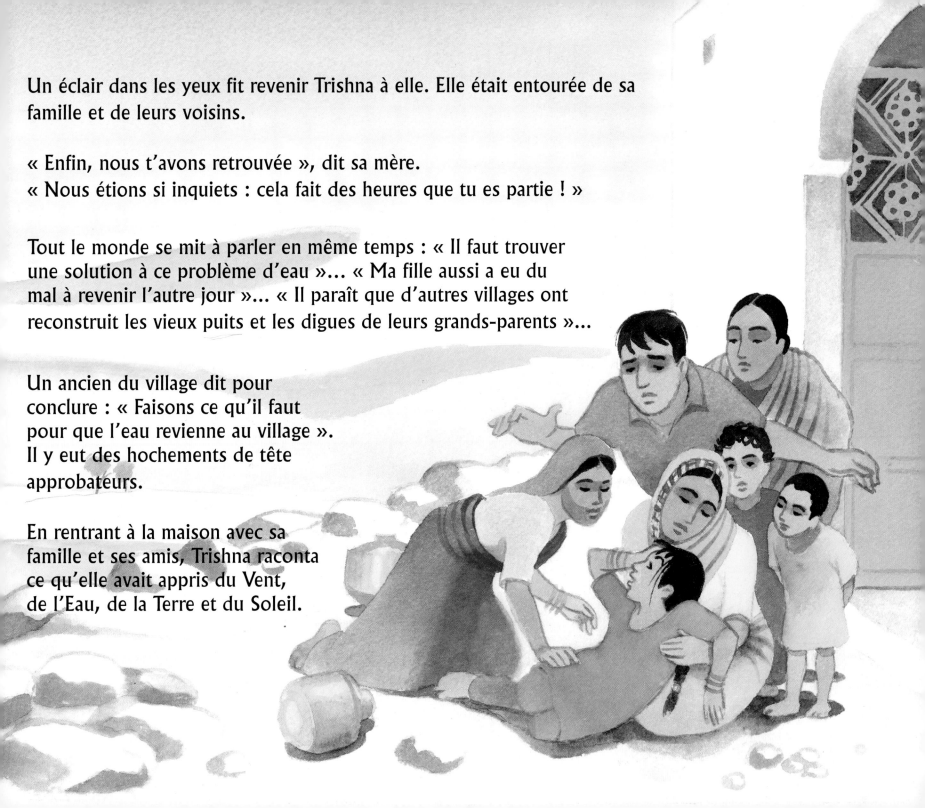

Bien sûr, tout le monde ne crut pas à son histoire. « Ridicule ! Tu as juste pris un coup sur la tête », dit quelqu'un. « Il n'y a rien à faire ! On ne peut pas contrôler l'eau : la pluie vient quand elle vient, c'est tout ! » « Impossible ! Nous sommes des gens du désert et le resterons toujours... »

Ce à quoi Trishna répondit : « Essayons quand même pour voir. »

Les élèves de l'école, les anciens, les mamans, les papas, les fermiers, les bergers, tous les villageois donnèrent un peu de leur temps. Ceux qui le pouvaient, offrirent de l'argent. Trishna arrêta même de rêvasser... la plupart du temps. Elle avait bien trop à faire !

Ensemble, ils reconstruisirent l'ancienne digue au pied de la colline rocheuse. Ils arrangèrent le vieux puits et installèrent une pompe à main. Ils posèrent des gouttières sur leurs toits et construisirent de gros réservoirs dans chaque maison.

Ils plantèrent des milliers de semis : des arbres pour produire du bois de chauffe et des fruits et pour nourrir la terre. Les semis avaient l'air si maigres et si fragiles dans le sable que certains dirent : « Ca ne marchera jamais. »

Trishna répondit : « Essayons, pour voir ». Et le travail continua.

Ils plantèrent des touffes d'herbes qui devinrent rapidement marrons.
Certains dirent : « Ca ne marchera jamais. »

Mais Trishna répondit : « Essayons, on verra bien ». Et le travail reprit.

Puis, un jour, les nuages s'amoncelèrent dans le ciel et s'assombrirent. La mousson dévala les pentes de la colline et s'accumula devant la digue. En quelques heures, l'eau du lac s'infiltra dans le sable. Le lendemain, il y eut une nouvelle pluie, et encore une autre. Chaque fois, l'eau s'accumulait avant de s'enfoncer dans le sol.

Certains dirent : « Vous voyez ? L'eau nous abandonne encore ». Mais Trishna répondit : « Donnons-lui une chance ». Elle savait que si leurs efforts portaient leurs fruits, l'eau s'accumulerait dans le sol et serait plus près de la surface.

Pendant ce temps, les semis reprirent de la vigueur et l'herbe commença à s'étendre. Les réservoirs d'eau des maisons se remplirent. Les dunes n'avançaient plus vers le village.

Trishna retourna au sanctuaire pour dénouer deux fils et rendre grâce.

L'année suivante, à la fête de Diwali, les vaches et les chèvres broutaient une belle herbe dense autour des arbres qui atteignaient déjà un mètre. Sous la terre, le niveau de l'eau était remonté assez haut pour faire marcher la pompe à main. Il y avait assez d'eau pour les gens et pour le bétail.

Trishna retourna au sanctuaire pour dénouer un autre fil.

Pendant l'année qui précéda le Diwali suivant il y eu toujours de l'eau dans la rivière. A la saison sèche, des gens venaient d'autres villages avec leurs vaches et leurs moutons. « Quelle magnifique oasis ! » s'exclamaient-ils.

Les villageois cultivaient de quoi se nourrir et pouvaient même vendre le surplus. Trishna délia le quatrième fil.

Les vacances suivantes, Trishna était au comble de la joie : toute la famille était de nouveau réunie.

« Je me sentais si seule à la ville », dit
Raji. « Je rêvais de pouvoir revenir ici
pour cultiver la terre. Et voilà, c'est enfin
arrivé ! »

Trishna serra sa sœur dans ses bras.
Ensemble, elles se rendirent au sanctuaire
où Trishna dénoua le dernier fil.

Quelques faits et chiffres concernant les zones arides

1. Plus de 40 % de la surface de la Terre sont des déserts ou des « zones arides ». Bien qu'elles ne soient pas tout à fait des déserts, les zones arides sont sèches et offrent aux hommes des conditions de vie difficiles. Plus de 2 milliards de personnes vivent dans ces zones, en particulier la moitié des populations les plus pauvres du monde.

2. Si les vrais déserts peuvent s'étendre et diminuer naturellement, les zones arides peuvent se « désertifier », c'est-à-dire devenir désertiques, à cause de la façon dont les hommes utilisent le sol et l'eau. Dans plus de 110 pays, des zones arides sont en cours de désertification ou menacées de désertification. Les scientifiques estiment en fait que pas moins d'un tiers des terres de la planète est en train de se désertifier, principalement en Afrique, en Asie et en Amérique latine.

3. La population mondiale, actuellement de 6,2 milliards d'habitants, a plus que doublé au cours des 40 dernières années et ne cesse d'augmenter, ce qui oblige à produire toujours plus de denrées. Les hommes abattent des arbres pour utiliser le bois comme combustible ou pour accroître les surfaces cultivées. Ils cherchent à élever plus de bétail, généralement des vaches, des moutons et des chèvres. Mais s'il y a trop d'animaux dans un endroit, ils broutent et piétinent l'herbe et les autres plantes trop vite pour que ces dernières aient le temps de repousser.

4. Quand les arbres et les autres végétaux naturels disparaissent, si l'agriculture n'est pas conduite de façon rationnelle, la couche superficielle du sol est emportée par le vent ou lessivée par la pluie. La terre devient moins fertile et commence à se désertifier. Dans de nombreuses régions du monde, des gens doivent quitter leur terre parce que le sol est devenu impropre à la culture ou à l'élevage.

5. Beaucoup de civilisations anciennes se sont développées dans des zones arides où les hommes ont appris à récupérer les eaux de pluie ou de crue et à utiliser la terre en veillant à sa conservation. La collecte de l'eau est une tradition vieille d'au moins 9 000 ans. Elle est pratiquée dans certaines régions du Moyen-Orient, du Pakistan et de l'Inde, de l'Afrique du Nord et de l'Ouest, de l'Amérique du Nord.

6. Les méthodes traditionnelles de collecte et d'utilisation de l'eau ont disparu avec l'arrivée des machines de forage et de pompage. Ces nouvelles techniques permettent de pomper des volumes d'eau si importants dans les lacs et les rivières que ces derniers finissent parfois par s'assécher. Dans de nombreux endroits, l'homme pompe aussi beaucoup trop d'eau dans les « aquifères », c'est-à-dire les roches et le sous-sol qui retiennent l'eau comme une éponge géante.

7. Quand l'eau est pompée en trop grandes quantités pour que les pluies aient le temps de reconstituer les réserves, le niveau des nappes souterraines s'abaisse. Les nappes phréatiques sont actuellement à 1 000 mètres (un kilomètre) de profondeur, voire plus dans certains pays d'Asie et du Moyen-Orient. Dans des régions où l'homme pratique une agriculture intensive, les aquifères sont menacés d'assèchement dans les prochaines décennies.

8. La majeure partie de l'eau pompée dans les aquifères est utilisée pour irriguer les champs de riz, de blé, de maïs et autres cultures afin de nourrir les hommes et le bétail. L'irrigation peut gaspiller d'énormes quantités d'eau, notamment quand elle utilise des systèmes d'aspersion, car la plus grosse partie de l'eau s'évapore dans l'air.

9. Par contre, une digue de retenue comme celle que le village de Trishna construit permet à l'eau de pluie de s'infiltrer dans le sol et de recharger les aquifères. Pour peu que l'endroit soit bien choisi, le niveau de la nappe phréatique se rapproche ainsi de la surface du sol. Les villageois peuvent alors subvenir à leurs besoins en eau et à ceux de leur bétail en utilisant des puits peu profonds et des pompes à main. Dans certains endroits, les hommes creusent des mares dans la terre et en tapissent le fond de boue. Les digues de retenue créent alors des petits lacs ou des mares.

10. Selon les estimations, environ 20 000 villages récupèrent actuellement l'eau de pluie en Inde. Des pays comme le Mexique, le Pérou, la Chine et la Tanzanie commencent à s'y mettre aussi. Beaucoup de nations ont des programmes de plantation d'arbres pour maintenir le sol en place ou stabiliser les dunes de sable.

11. Des hommes ont mis au point des méthodes d'irrigation qui consomment beaucoup moins d'eau. Par exemple, les fermiers de l'ouest de l'Inde remplissent d'eau de grands pots en argile qu'ils enterrent ensuite : l'eau s'en échappe lentement et arrose les racines des cultures. Dans d'autres endroits, on utilise le système d'irrigation goutte-à-goutte, c'est-à-dire des canalisations ou des tubes qui distribuent l'eau goutte-à-goutte au niveau des racines des plantes.

Ce que tu peux faire :

1. Adhérer à un club écologique dans ton école ou ta paroisse, ou en créer un. Ensemble, les membres du club peuvent se renseigner sur l'état des terres de ta région et appliquer des méthodes qui préserveront sa fertilité.

2. Utiliser du fumier et du compost pour amender la terre de ton jardin ou de ta ferme. Fabriquer du compost (un engrais naturel à base de plantes et de déchets) peut être une activité pour ton club. Le compost permet au sol de rester fertile et d'absorber l'eau.

3. Laisser régulièrement la terre reposer, ou la mettre « en jachère », après quelques années de culture permet aussi de préserver sa fertilité.

4. Semer de l'herbe et autres végétaux pour limiter l'érosion du sol. Utilise de préférence les variétés qui poussent naturellement dans ta région.

5. Planter des arbres. Les arbres limitent l'érosion, font office de brise-vent et peuvent produire des fruits, du fourrage pour le bétail et du bois de construction ou de chauffe. Certains arbres absorbent même l'azote de l'air et le restituent dans le sol par leurs racines, agissant ainsi comme un engrais. Renseigne-toi pour savoir quels sont les mieux adaptés à ta région.

6. Si tu vis au sein d'une communauté rurale qui pratique l'irrigation, expérimente avec ton club l'irrigation goutte-à-goutte.